Armin König

Verfassungsrichter auf abwegigem Gelände

Peter Müller und die Befangenheit des politischen Richters

Armin König

Verfassungsrichter auf abwegigem Gelände

Peter Müller und die Befangenheit des politischen Richters

Impressum

art & research südwest
Jahnstr. 9
66557 Illingen

(c) 2023

Alle Rechte bei Verlag und Autor.

ISBN 978-3-948105-22-8

Druck und Herstellung: Amazon KDP

Für meine Familie

»Mein Seel! Es ist kein Grund, warum ein Richter,
Wenn er nicht auf dem Richtstuhl sitzt,
Soll gravitätisch, wie ein Eisbär, sein.«

Dorfrichter Adam in:
Heinrich von Kleist: Der zerbrochene Krug

Abstract

Dies ist eine kritische Betrachtung der Rede des Bundesverfassungsrichters Peter Müller, die er auf einer parteipolitischen CDU-Veranstaltung in Merzig-Besseringen gehalten hat. Dabei hat er die Pariser Klimaziele in Frage gestellt, der Europäischen Union Rechtsvergessenheit vorgeworfen und unter dem Narrativ „Das wird man doch noch sagen dürfen" populistische Fragen öffentlich gestellt. Dies war äußerst grenzwertig.

Obwohl er betonte, diese als Privatmann gehalten zu haben, ist er in seiner Funktion als Richter öffentlich aufgetreten und hat sich parteiisch und nicht unabhängig geäußert. Dies hat Unbehagen ausgelöst. Es besteht die Frage, ob er noch unabhängig und unvoreingenommen Recht sprechen kann. Es wird auch auf die Diskussion um Müllers Parteimitgliedschaft und seinen Wechsel zum Bundesverfassungsgericht eingegangen. Die Rede stellt einige der meist diskutierten Urteile des Bundesverfassungsgerichts durchaus in Frage und wirft die Frage auf, ob Müller unabhängig und unvoreingenommen agieren kann oder Recht gesprochen hat.

Die CDU-Rede im Stammtisch-Skatbruderstil verletzt die Compliance-Grundsätze des BVerfG, weckt Besorgnis der Befangenheit und ist parteiisch. Sie triggert populistische Themen und weckt Zweifel an der Neutralität der Amtsführung.

Abstract

This is a critical view of the speech of the federal constitutional judge Peter Müller, which he held at a party-political CDU event in Merzig-Besseringen. He questioned the Paris climate goals, accused the European Union of forgetting the law, and publicly asked populist questions under the narrative "You can still say that". This was extremely borderline.

Although he emphasized that he had held them as a private citizen, he appeared publicly in his function as a judge and expressed himself in a partisan and non-independent manner. This has caused unease. There is a question as to whether he can still dispense justice independently and without bias.

The discussion about Müller's party membership and his move to the Federal Constitutional Court is also addressed. The speech certainly calls into question some of the most discussed rulings of the Federal Constitutional Court and raises the question of whether Müller can act independently and without bias or has spoken right.

The CDU speech in regulars' table skatbrother style violates the compliance principles of the BVerfG, raises concerns of bias and is partisan. It triggers populist themes and raises doubts about the neutrality of official conduct.

Vorwort

Peter Müller hat gesprochen.

Und wie er gesprochen hat.

Und wo er gesprochen hat.

Und was er gesprochen hat.

Der Peter Müller mit *dem rollenden Eppelborner* »R«. Noch amtierender Richter am Bundesverfassungsgericht bis 31. Dezember 2023. Einer von Deutschlands 16 wichtigsten Richtern. Zweiter Senat. Berichterstatter des Dezernats, das für Wahlen und Parteien zuständig ist – und für Europa. Der Zweite Senat ist für spektakuläre Urteile und Entscheidungen bekannt. Ablehnung des NPD-Parteienverbots (aus Gründen). § 217 (Sterbehilfe – unter Nichtbeteiligung des Richters Müller wegen Besorgnis der Befangenheit) als verfassungswidrig verworfen. Es gab viele öffentliche Debatten vor und nach dem Karlsruher Urteil.

Man schreibt Rechtsgeschichte beim Bundesverfassungsgericht. Das gilt für alle amtierenden Richterinnen und Richter.

Natürlich muss, wenn über die Bedeutung des Zweiten Senats diskutiert wird, über die EZB-/EuGH-Urteile, den Wiederaufbaufonds, die »ultra vires« gesprochen werden. Da gab es einen Riesenstreit mit dem Europäischen Gerichtshof, der Europäischen Zentralbank und der Europäischen Kommission. Das Thema ist wichtig: Was darf Brüssel entscheiden oder Straßburg oder Luxemburg? Und wo gehen die »Fremden« von Europa über ihre Befugnisse? »Ultra vires« also. Das sind fundamentale Fragen. Sie werden immer wichtiger in einer globalisierten Welt. Was wird noch in Berlin entschieden? Worüber wird in Karlsruhe geurteilt? Wie verteilen sich die nationalen und die europäischen Kompetenzen? Wer mischt sich mit Entscheidungen in Bereiche ein, die ihn nichts angehen.

Die Menschen wollen das wissen.

Natürlich spielen auch BILD-Zeitungsaspekte dabei eine Rolle. Mit nationalistischen Schlagzeilen kann man die Leserinnen und Leser »anmachen«.

Europa als »böser Bube«.

Ferne, anonyme Mächte, die ihre Befugnisse überschreiten.

Ultra vires eben.

Bin ich polemisch?

Nein.

Ich bin Europäer.

Seit 45 Jahren.

Und ich dachte lange als langjähriger Bürgermeister des bedeutendsten politischen Sohnes meiner Gemeinde, Müller sei auch Europäer. Und sozial.

Aber so klingt das nicht mehr.

Müller kann zuspitzen.

Das konnte er immer schon.

So ist er Ministerpräsident geworden.

Und jetzt spitzt er bei Europa zu.

Er sagt unschöne Wörter über Europa.

Rechtsvergessenheit.

Das ist böse. Sehr böse. Und antieuropäisch, nicht begründet.

Der EU als Bundesverfassungsrichter Rechtsvergessenheit vorzuwerfen, ist höchst provokativ – und geschichtsvergessen, erst recht von einem saarländischen Ministerpräsidenten.

Nochmal: Europa als böser Bube, das geht gar nicht. Ein »No go« sagen die Amerikaner.

Ich verstehe diesen Mann nicht mehr, für den ich jahrelang wahlgekämpft habe, allen Vorbehalten zum Trotz. Einer der 16 bedeutendsten Richter dieses Landes redet populistisch über Europa. Wie einst Bernd Lucke, der AfD-Gründer.

Ich will die Beiden nicht vergleichen, das verbietet sich. Aber:

Da hat einer sein Haut-den-Lukas-Thema gefunden, wie es einst die CSU gemacht hat.

Europa ist Müllers Leib- und Magenthema geworden. Beim PPSP-Urteil (»ultra vires«) unter Vorsitz von Andreas Voßkuhle hat er sich wiedergefunden. Das wurde anders, als der Zweite Senat über einen Antrag von »Bündnis Bürgerwille« um den früheren AfD-Vorsitzenden Bernd Lucke zum EU-Aufbauprogramm »Next Generation« entschied.

Trotz »gewichtiger Bedenken« hat das Bundesverfassungsgericht die deutsche Beteiligung an dem milliardenschweren Aufbauinstrument »Next Generation EU« abgesegnet. Die Mehrheit des Zweiten Senats unter Vorsitz von Doris König (Voßkuhle war inzwischen nach Ablauf seiner Amtszeit aus dem Gericht ausgeschieden) sah »keine offensichtliche«

Kompetenzüberschreitung der EU bei diesem wichtigen Nach-Corona-Aufbaubauprogramm und der deutschen Beteiligung an diesem schuldenfinanzierten Milliardenprogramm. Auch die haushaltspolitische Gesamtverantwortung des Deutschen Bundestages sei nicht beeinträchtigt, erkannte der Zweite Senat.

Mit dieser Mehrheitsmeinung konnte sich Peter Müller nicht identifizieren.

Jetzt kritisiert er.

Zum Beispiel bei einer CDU-Veranstaltung.

Grenzwertig ist das für einen Bundesverfassungsrichter.

Peter Müller hat gesprochen.

Der Peter Müller.

Bundesverfassungsrichter.

Ex-Ministerpräsident.

Ex-CDU-Landesvorsitzender.

Er ist nicht mehr mein Landesvorsitzender, nachdem ich der Partei, der ich 47 Jahre angehörte, den Rücken gekehrt habe. Aus Gründen-

Aber er ist noch immer unser Verfassungsrichter aus dem Saarland. Er ist Teil des Zweiten Senats, und wir sollen ihm eigentlich vertrauen.

Eigentlich.

Aber können wir das?

Können wir das noch?

Nach dieser Bashing-Rede?

Da triggert ein Bundesverfassungsrichter populistische Sujets:

- Corona-Leugnung,
- EU-Rechtsvergessenheit
- Ausländerkriminalität
- Ausländerfeind
- Klima-Apokalypse
- Alter weißer Mann
- Meinungs-Diktatur hedonistischer Eliten.

Das ist mindestens grenzwertig.

Die Bühne, die er sich ausgesucht hat für provozierende Äußerungen, war eine Provinzbühne. Sie stand in Merzig-Besseringen.

Eine CDU-Provinzbühne.

Ist das nicht ein bisschen unter Wert für einen der 16 wichtigsten Richter Deutschlands? Warum wird er plötzlich vorsätzlich parteiisch, obwohl er doch zur Neutralität und zur Mäßigung aufgerufen ist in seine Funktion?

Warum macht der Müller das?

Mein alter Mitstreiter?

Der im selben Krankenhaus geboren ist wie ich?

Sozusagen der prominenteste Sohn Illingens.

Ein politischer Bürgermeister darf das fragen. Ich war immer ein politischer Bürgermeister. Das ist mein Job. Das ist mein Auftrag. Das ist meine Mission. Es ist auch mein Recht nach Artikel 5 des Grundgesetzes: Meinungsfreiheit, Wissenschaftsfreiheit, Informationsfreiheit, Kunstfreiheit.

Wer öffentlich redet, will Wirkung erzielen. Das ist seit den Ursprüngen der Rhetorik und der politischen Rede in Athen und Rom so. Die Kunst der Rhetorik hat im Laufe der Jahrhunderte zwar viele Veränderungen und Entwicklungen durchgemacht, aber sie bleibt ein zentrales Mittel der Kommunikation und heute des demokratischen Meinungskampfes.

Die Frage ist allerdings, ob ein Richter am Bundesverfassungsgericht während seiner Amtszeit das Meinungs- und Meinungskampfmittel, um in der Terminologie des Bundesverfassungsgerichts zur Meinungsfreiheit zu bleiben, der zugespitzten politischen Rede nutzen oder besser politisch neutral bleiben sollte. Das gilt umso mehr, wenn ein Richter plötzlich die Grenzen der Gewaltenteilung durchbricht und verwischt und sich noch vor Ende seiner Amtszeit auf die Seite eines politischen Lagers begibt und dort Meinungsmacht einsetzt, die durch Publikation zum öffentlichen Machtinstrument wird. Die gewaltige Resonanz, die die Provinzrede des Richters Peter Müller in Merzig-Besseringen im April 2023 im ganzen Saarland ausgelöst hat, spricht Bände. Auch über Sujet und Stil ist zu diskutieren.

Um dies klarzustellen: Er hat nicht Corona geleugnet, er hat nicht der Ausländerfeindschaft Vorschub geleistet. Aber er hat Begriffe auf eine Art und Weise in die Debatte geworfen, die Anlass zur Kritik gibt. Diese Begriffe zu triggern, ist mehr als grenzwertig.

Die kritische Rede hat manche verstört. Wir sprechen Müller nicht das Recht auf Meinungsäußerungen ab. Die hat auch ein

Bundesverfassungsrichter. Klare Ansage: Ein Verfassungsrichter ist kein politischer Eunuch.

Was Müller ausgelöst hat, kann eigentlich kaum erstaunen angesichts seiner Popularität und seines bekannten Talents, zuzuspitzen und zu polarisieren. Die Saarbrücker Zeitung hat dies auf einer halben Seite thematisiert. Mich hat es irritiert und schockiert.

Ich bin kein Jurist.

Ich bin seit 27 Jahren Bürgermeister der Gemeinde Illingen, in der Peter Müller geboren wurde, bin promovierter Verwaltungswissenschaftler, war Radio-Nachrichtenredakteur, landespolitischer Korrespondent, Landtagsberichterstatter, zuvor als Pressesprecher wissenschaftlicher Mitarbeiter der CDU-Fraktion im saarländischen

Landtag, 47 Jahre Mitglied der Christlich Demokratischen Union im Saarland, im selben Kreisverband wie Peter Müller und langjähriger Wegbegleiter, Mitstreiter, Wahlkämpfer, Kritiker, Mahner.

Seit 2021 bin ich nicht mehr Mitglied der CDU und nur noch außenstehender Analytiker und Publizist sowie parteifreier Bürgermeister.

Nichts ist mir fremd. Ich kenne das politische Geschäft seit einen halben Jahrhundert. Drei Jahrzehnte habe ich aktiv mitgemischt.

Mein Promotionsstudium an der Deutschen Universität für Verwaltungswissenschaften in Speyer habe ich mit Prädikat abgeschlossen.

Wer Peter Müller seit Junge-Union-Zeiten kennt und seine Karriere über 30 Jahre minutiös verfolgt hat, kann Einschätzungen wagen.

Müllers Weg zum Bundesverfassungsgericht war zielgerichtet. Er hat es geschafft, alle Hürden beiseite zu schaffen oder zu überspringen. Die CDU hat ihm den persönlichen Gefallen getan, ihn zu nominieren. Das war nicht selbstverständlich. Er hatte nicht nur Fürsprecher und Freunde. Seiner Partei dankt er es. Er ist noch immer bei vielen CDU-Veranstaltungen präsent. Den guten Hinweis von Richterkollegen, seine Parteimitgliedschaft ruhen zu lassen und im Interesse der Neutralität, der Objektivität und des Vertrauens in die demokratischen

Institutionen der Gewaltenteilung Mäßigung zu üben, hat er in den Wind geschlagen.

Dem Vertrauen in die Institutionen und die Legitimität von Verfahren tut dies nicht gut.

Mein Fazit, nachdem ich mich intensiv mit dieser Rede und der Historie beschäftigt habe, ist für den ehemaligen Mitstreiter Müller wenig erfreulich.

Ich lege Wert darauf, dass dies Meinungsäußerungen im Sinne der Wissenschaft- und Meinungsfreiheit sind.

Die sind eindeutig: Man kann sich des Eindrucks nicht erwehren, dass der Richter Müller im Sinne von (partei-?)politischen Erwägungen redet.

Was heißt das für den Richter?

Sprache und Rede sind das Fundament richterlicher Verhandlungs- und Spruchpraxis. Dieser Grundsatz beruht auf der Erkenntnis, dass die mündliche Verhandlung und die mündliche Urteilsbegründung ein wesentliches Element des rechtsstaatlichen Verfahrens darstellen. Dies gilt umso mehr in der Medien- und Informationsgesellschaft im Sinne von Manuel Castells. So wird aus kommunikativer Kompetenz und Meinungsäußerung verschleierte politische Kontrolle durch die Hintertür. Da überschreitet ein Mächtiger, ein Repräsentant des Systems, bewusst Grenzen.

Der ohnehin übermächtige Parteienstaat, der alle Ebenen der Gewaltenteilung durchdringt und überlagert und durch Parteibuch-Auslese statt

Bestenauslese die »Checks and Balances« unterläuft, gibt seinem »Agenten«, der qua Amt zur Mäßigung und Neutralität aufgefordert ist, eine Bühne.

Jeder Mensch hat seine Prägungen. Zu den Müllerschen Prägungen zählt zweifellos die CDU-Politik. Und offenbar gehört dazu auch die parteiinterne Opposition des einstigen Andenpaktlers gegen die langjährige Bundeskanzlerin, die ziemlich erfolgreich darin war, der CDU über Jahre das Konservativ-Reaktionäre auszutreiben.

Dass der Saarländer Müller in einem der höchsten deutschen Ämter Europa-Bashing betreibt, schockiert mich angesichts der besonderen Bedeutung des Saarlandes in und für Europa.

Das ist geschichtsvergessen.

Müller hat Flurschaden verursacht. Wie damit umzugehen ist, müssen er und seine Kollegen entscheiden.

Der Glaubwürdigkeit des Bundesverfassungsgerichts dienen solche parteiischen Reden eines Robenträgers nicht.

Es bleibt Müllers Geheimnis, warum er mit seinen Eppelborner Bekenntnissen nicht gewartet hat, bis er aus dem Richteramt ausgeschieden ist. Es wäre klüger gewesen. Und besser für die Demokratie.

Ausführlicher habe ich es in diesem kleinen Buch analysiert und diskutiert.

1. Die umstrittene Rede Peter Müllers

Er muss sich ziemlich sicher gefühlt haben, anders ist die provokative Rede[1] des Richters am Bundesverfassungsgericht, Peter Müller[2], auf einer saarländischen Dorfbühne in Merzig-Besseringen nicht zu erklären. Der CDU-

---

[1] Saarbrücker Zeitung v. 15.4.2023: Verfassungsrichter spricht Klartext als „Privatmann" - Dieser Auftritt von Ex-Ministerpräsident Müller dürfte Karlsruhe gar nicht gefallen".
[2] Der Bundesverfassungsrichter und erklärte Parteipolitiker Peter Müller (CDU) war saarländischer Ministerpräsident von 1999 bis 2011. Von 2009 bis 2011 war er in Personalunion Ministerpräsident und Justizminister. Das wurde viel kritisiert. Seit Dezember 2011 ist Müller Richter am Bundessverfassungsgericht im Zweiten Senat.

Politiker und Spitzen-Jurist habe betont, diese Rede als Privatmann gehalten zu haben, schreibt die Saarbrücker Zeitung[3]. Der Bundesverfassungsrichter Peter Müller *ist aber kein Privatmann*, wenn er sich öffentlich vor größerem Publikum äußert, insbesondere dann nicht, wenn er in seiner Funktion und in seiner Ex-Funktion als Ministerpräsident angekündigt wird. Man schmückt sich ja bei solchen Auftritten mit dem hohen Richteramt – als Einladender und damit hier im doppelten Wortsinn *als Partei. Müller tritt also parteilich und keineswegs unparteilich, ja mehr noch parteiisch in Duktus und Habitus auf.*

---

[3] Daniel Kirch.

Das ist seine Freiheit als Staatsbürger. Ob es klug ist, als Bundesverfassungsrichter parteilich und parteiisch aufzutreten, steht auf einem anderen Blatt.

SZ[4]-Chefreporter Daniel Kirch weist schon in Titel auf die Problematik der angeblichen Privatäußerungen hin. Sie sind konfliktträchtig. Karlsruhe werde sicher nicht begeistert sein, schrieb der Journalist in seinem Exklusivbeitrag. Die Kolleginnen und Kollegen Müllers in Karlsruhe konnten tatsächlich »*not amused*« sein, zumal der Zweite Senat des BVerfG am 12. Januar 2021 beschlossen hatte, die neue Richterin Astrid Wallrabenstein im Verfahren eine Vollstreckungsanordnung

---

[4] SZ hier: Saarbrücker Zeitung, nicht Süddeutsche Zeitung.

zum höchst umstrittenen PSPP-Urteil (»ultra vires« zur EU, zur EZB und zum Gerichtshof)[5] wegen der Besorgnis der Befangenheit auszuschließen.[6] Der Befangenheits-Beschluss war in der Richterschaft kritisch aufgenommen worden.

Die wissenschaftlichen Dienste des Deutschen Bundestags stellen fest, dass es *kritisch* sei, wenn ein *Hoheitsträger Äußerungen in seiner hoheitlichen Funktion* tätige. Wenn er jedoch als Bürger spreche, insbesondere als

---

[5] BVerfG, Urteil des Zweiten Senats vom 05. Mai 2020 - 2 BvR 859/15 -, Rn. 1-237,
http://www.bverfg.de/e/rs20200505_2bvr085915.html
[6] BVerfG, Beschluss des Zweiten Senats vom 12. Januar 2021 - 2 BvR 2006/15 -, Rn. 1-39,
http://www.bverfg.de/e/rs20210112_2bvr200615.html

Parteipolitiker, bedürfe es keinen besonderen Beschränkungen. In diesem Fall mache er nicht von einer Befugnis Gebrauch, sondern nehme seine Freiheitsrechte wahr, insbesondere seine Meinungsfreiheit gemäß Artikel 5 des Grundgesetzes (GG).[7] Nach dieser Erläuterung der WD hätte *Müller keinen Verstoß* begangen.

Trotzdem bleibt ein erhebliches Unbehagen gegenüber dem Richter.

Das Kuckucksei, das Müller den Kolleginnen und Kollegen in Karlsruhe

---

[7] Deutscher Bundestag, Wissenschaftliche Dienste WD (2018): Politische Äußerungen von Hoheitsträgern. WD 3 - 3000 - 074/18 v. 19.3.2018. https://www.bundestag.de/resource/blob/556768/776c7bb3e6cd1fd9ed85e539cca79b59/wd-3-074-18-pdf-data.pdf

nun ins Nest legt, insbesondere dem Zweiten Senat, hat durchaus Hautgoût. Die Rede kann man nämlich auch als eine Art dramaturgischer Abrechnung mit Müllers Kolleginnen und Kollegen in der bisherigen Amtszeit als Verfassungsrichter betrachten – auf einer saarländischen CDU-Partei-Provinzbühne in Merzig-Besseringen.

Es ist durchaus erstaunlich, wenn Müller sich darüber mokiert, dass ihm seine Kollegen im Verfassungsgericht nahegelegt haben, seine Parteimitgliedschaft ruhen zu lassen.[8] Das wäre ja im Sinne des Verfassungsrichters Müller und des Bundesverfassungsgerichts als Institution gewesen. Zumal ja gerade Müllers Wechsel zum

---
[8] Zit. nach Kirch.

Bundesverfassungsgericht ausführlich kritisch kommentiert wurde. **Nun wird Müller selbst zum schlagenden Beweis, dass all die Bedenken gegen den Parteipolitiker und parteiischen Redner begründet waren und sind.**

»Uns kommt nur noch die Komödie bei«[9], hat Friedrich Dürrenmatt festgestellt – auch mit Blick auf all das Groteske, was einem täglich in der Welt widerfährt.

Wer als Bundesverfassungsrichter im Amt eine solche Rede hält, muss zwar nicht zurücktreten vom Richteramt; aber jeder Kläger, jede Klägerin wird kritisch fragen, ob der Richter eine Gewähr dafür bietet, unabhängig

---

[9] Friedrich Dürrenmatt, Theaterprobleme, Zürich 1966, S.122

und unvoreingenommen Recht zu sprechen. Liegt ein Grund vor, der geeignet ist, Misstrauen gegen eine unparteiische Amtsausübung zu rechtfertigen, ist die Besorgnis der Befangenheit real gegeben. Mit der Kodifizierung des Unbefangenheitsgebots soll der Schutz des rechtsstaatlichen, fairen Verfahrens gewährleistet werden.

Um dies für den Arkanbereich des BVerG zu gewährleisten, haben sich die Richter im November 2017 Verhaltens-richtlinien[10] gegeben. Mit diesen Selbstverpflichtungs-Richtlinien ist

---

[10] BVerfG 82017): Verhaltensleitlinien für Richterinnen und Richter des Bundesverfassungsgerichts. https://www.bundesverfassungsgericht.de/DE/Richter/Verhaltensleitlinie/Verhaltensleitlinien_node.html

Müllers Rede nicht in Einklang zu bringen.

So heißt es in Punkt 3:

»Die Mitglieder des Gerichts üben ihr Amt in Unabhängigkeit und Unparteilichkeit aus, ohne Voreingenommenheit im Hinblick auf persönliche, gesellschaftliche oder politische Interessen oder Beziehungen. Sie achten in ihrem gesamten Verhalten darauf, dass kein Zweifel an der Neutralität ihrer Amtsführung gegenüber gesellschaftlichen, politischen, religiösen oder weltanschaulichen Gruppierungen entsteht. Dies schließt die Zugehörigkeit zu solchen Gruppierungen und bei angemessener Zurückhaltung ein Engagement in ihnen sowie die sonstige

Mitwirkung am gesamtgesellschaftlichen Diskurs nicht aus.«[11]

Durch Müllers Rede geraten einige der meist diskutierten Urteile des Bundesverfassungsgerichts nun wieder in den Fokus.

Wann hat Müller an welchem Urteil mitgewirkt, wie war der Tenor, wie die Entscheidung?

Immerhin ist Müller in Karlsruhe seit 2014 Berichterstatter des Dezernats Wahlen und Parteienrecht. Wir wollen hier nicht vom »*Bock als Gärtner*« reden. Man täte Müller Unrecht, wenn man das annähme. Er gilt als kritischer Frager bei vielen Prozessen, wie man sowohl der überregionalen Tagespresse

---

[11] BVerfG 2017. Verhaltensrichtlinien. Punkt 3.

als auch juristischen Newslettern entnehmen kann. Aber es bleiben trotzdem Zweifel, die er selbst genährt hat.

Schon die Wahl Müllers zum Richter am Bundesverfassungsgericht war zum Teil sehr heftig kritisiert worden – aus Gründen, von denen noch zu sprechen sein wird.

Die Passagen, die Kirch zitiert, klingen zum Teil nach einer Anbiederung an die WerteUnion[12]-Klientel der CDU

---

[12] WerteUnion e.V.: Rechtsgerichteter eingetragener Verein, der beansprucht, einen »konservativen Markenkern« der CDU und CSU zu vertreten, aber nie eine Vereinigung oder Untergliederung von CDU oder CSU war. Allerdings haben sich dort rechtsgerichtete CDU-Mitglieder organisiert, um die Union mit öffentlichen populistischen AfD-nahen Erklärungen zu einem Rechtsruck zu zwingen. Die Haltung der WerteUnion und ihrer Protagonisten zur AfD und deren Positionen wird von

und zum Teil nach der Wirtschaftsrat[13]-nahen und FDP-nahen Lobbyorganisation »Initiative Neue Soziale Marktwirtschaft (INSM)[14]«.

---

führenden Unionspolitikern und -vereinigungen als problematisch bis unvereinbar mit einer Mitgliedschaft in der Union erachtet. Bundesvorsitzender der Werteunion ist seit Januar 2023 Hans-Georg Maaßen.
[13] Wirtschaftsrat: Der Wirtschaftsrat der CDU e. V. ist ein CDU-naher[2] Lobby- und Berufsverband[3], welcher die Interessen seiner Mitglieder aus der Wirtschaft vertritt.
Er trägt mit Duldung der CDU den Zusatz CDU im Namen; seine Vertreter hatten über Jahre „ständiger-Gast"-Status im CDU-Präsidium. Anders als beispielsweise die Mittelstands- und Wirtschaftsunion hat der Wirtschaftsrat nicht den Status einer Vereinigung oder Sonderorganisation innerhalb der Union.
[14] Die Initiative Neue Soziale Marktwirtschaft (INSM) ist eine Lobbyorganisation, die von Arbeitgeberverbänden finanziert wird. Sie will das Soziale der

In Teilen waren die Aussagen Müllers aber auch schlicht populistisch-skandalös bis AfD-nah. Das narrativ ist bekannt.

»Müllers Beispiele: ›Nicht jeder, der die Rechtsvergessenheit der EU kritisiert, ist ein Anti-Europäer. Nicht jeder, der die Freiheitsbeschränkungen während der Corona-Pandemie kritisch hinterfragt, ist ein Corona-Leugner. Nicht jeder, der über Ausländerkriminalität reden will, ist ein Ausländerfeind.‹ Darüber müsse offen und ehrlich gesprochen werden: ›Es kann nicht sein, dass eine hedonistische Elite uns vorgibt, worüber wir noch reden dürfen und worüber nicht.«

Marktwirtschaft radikal reduzieren und die Soziale Marktwirtschaft umdeuten in eine arbeitgeberfreundliche Marktwirtschaft. Gegründet wurde sie 2000 vom Arbeitgeberverband Gesamtmetall.

Peter Müller, in den 90er Jahren ein ›junger Wilder‹ der CDU, ist inzwischen ›ein alter weißer Mann‹, wie er sich in Merzig selbstironisch bezeichnete. Das bezog er auch auf die Klimapolitik. Eine von Müllers Thesen lautete: Die Pariser Klimaziele seien nicht mehr zu erreichen, deshalb müsse jetzt mehr über die Anpassung an den Klimawandel gesprochen werden, um Wohlstand zu sichern und trotzdem die natürlichen Lebensgrundlagen zu erhalten. ›Permanent die Apokalypse auszurufen‹, sei nicht vernünftig.«[15]

Was für merkwürdige und wirklich kritikwürdige Einlassungen für einen Bundesverfassungsrichter!

Da triggert ein Bundesverfassungsrichter populistische Sujets:

---

[15] Kirch (2023), SZ.

- Corona-Leugnung,
- EU-Rechtsvergessenheit
- Ausländerkriminalität
- Ausländerfeind
- Klima-Apokalypse
- Alter weißer Mann
- Meinungs-Diktatur hedonistischer Eliten.

Das ist schon sehr grenzwertig und in diesem Fall unerträglich. Denn:

Müller widerspricht nicht etwa den Populisten, er ermuntert sie eher, indem er Verständnis äußert.

Hier redet also ein alter, weißer, übelgelaunter Mann, der in diesen Fragen meilenweit von der richterlichen Unabhängigkeit entfernt als Parteipolitiker Parolen skandiert. Und man fragt sich: Reizt ein Bundesverfassungsrichter die Grenzen seiner Äußerungsfreiheit aus? Auch das ist ja denkbar.

Wer ihn kennt, kennt seine Lust an der Austestung der öffentlichen Wirkung via theatralische Auftritte. Müllers provokante Aussagen lassen allerdings auf eine merkwürdige Rechts- und Politikauffassung blicken, die im Duktus den Reaktionären in der CDU und den weiter rechts Angesiedelten entgegenkommt.

Das war das Verblüffende und für viele auch Erschreckende – und das von einem amtierenden Verfassungsrichter, der beispielsweise am europaweit umstrittenen »ultra-vires-Urteil«[16]

---

[16] Das Ultravires-Urteil des BVerfG ist ein Urteil des Bundesverfassungsgerichts vom 5. Mai 2020 (- 2

des Bundesverfassungsgerichts mitgewirkt hat, das Deutschlands Verfassungsjustiz in die Nähe der polnischen Gerichtsbarkeit gerückt hat.

BvR 859/15 -, Rn. 1-237), in dem »Karlsruhe« die Rechtmäßigkeit des Staatsanleihekaufprogramms der Europäischen Zentralbank (EZB) überprüft hat. Der Zweite Senat des Bundesverfassungsgerichts hat die Rechtsfigur der Ultravires-Kontrolle angewendet, die es dem Gericht erlaubt, zu prüfen, ob eine Maßnahme europäischer Organe zulässig ist und ob sie sich an die Kompetenzen hält, die der Nationalstaat an die EU übertragenen hat. Die Wahrung der Kompetenz-Grundlagen der Europäischen Union hat entscheidende Bedeutung für die Gewährleistung des demokratischen Prinzips. Der Zweite Senat unter Vorsitz von Andreas Voßkuhle und unter Mitwirkung von Peter Müller hat sowohl die EZB als auch den EuGH abgewatscht. Dafür wurde das Bundesverfassungsgericht heftig kritisiert, zumal die Zulässigkeit der deutschen »ultravires-Rüge« auch in der Rechtswissenschaft höchst umstritten ist.

Möglicherweise erweist es sich im Nachhinein als Fehlurteil.

Die Staatsrechtler an den Hochschulen sollten nun durchaus Müllers Beteiligung an den Urteilen und Entscheidungen des Bundesverfassungsgerichts kritisch empirisch unter die Lupe nehmen und analysieren. Die entsprechenden wissenschaftlichen Methoden sind seit langem erprobt. Am Beispiel des CDU-Verfassungsrichters Herbert Landau wurde die Frage der unabhängigen Rechtsprechung des BVerfG sauber analysiert. Das Modell bietet sich auch hier an.

Die Forscher des Mannheimer Zentrums für Europäische

Sozialforschung der Uni Mannheim[17] kommen in ihrer quantitativen Studie »Zum Einfluss der Parteinähe auf das Abstimmungsverhalten der Bundesverfassungsrichter«[18] zu einem fast erwarteten Ergebnis: »Deutschlands höchste Richter lassen sich bei ihren

---

[17] Engst. Benjamin, Thomas Gschwend, Nils Schaks, Sebastian Sternberg, Caroline Wittig (2018): Zum Einfluss der Parteinähe auf das Abstimmungsverhalten der Bundesverfassungsrichter - eine quantitative Untersuchung. In: JuristenZeitung, 2017: 72, issue 17, pp. 816-826. ISSN: 0022-6882 (print); 1868-7067 (online) DOI: 10.1628/002268817X15004527599072
[18] Mannheimer Zentrum für Europäische Sozialforschung (MZES)(2018): Wie parteinah sind Deutschlands höchste Richter? Pressemeldung der Universität Mannheim vom 10.07.2018). https://www.mzes.uni-mannheim.de/d7/en/news/press-releases/wie-parteinah-sind-deutschlands-hochste-richter

Entscheidungen manchmal auch von ihrer Parteinähe leiten.«[19] Eine parteiliche Prägung lasse sich belegen, werde allerdings häufig überschätzt.[20]

Das ist eine Behauptung, die weder zu beweisen noch zu widerlegen ist.

---

[19] Suliak, Hasso (2018): Studie zur Parteinähe von Bundesverfassungsrichtern: Unabhängig und doch auf Linie. LTO v. 13.07.2018. https://www.lto.de/recht/justiz/j/bverfg-richter-parteinaehe-einfluss-entscheidungen-studie-uni-mannheim/
[20]

2. »Das ist offener Unsinn« – Eine legendäre Juristenfehde

Auch im Fall Müller sieht es auf den ersten Blick so aus, dass parteipolitische Nähe in seinen Urteilen kaum zu belegen ist. Anders als Herbert Landau hat Müller kaum Sondervoten abgegeben. Andererseits ist es jetzt in Merzig-Besseringen geradezu aus Müller herausgeplatzt, wie sehr er sich anscheinend in Karlsruhe in einem Korsett bewegt hat. Die Rede als kompensatorischer Akt[21], vielleicht gar als Überkompensation, die in Zeiten fehlender

---

[21] Nach C.G. Jung

Konsensressourcen[22] übers Ziel hinausschießt.

Dabei war es doch sein Traumjob, den er mit allen Mitteln angestrebt hat, als er nicht Ministerpräsident war, obwohl es fachlich[23] und in Bezug auf die gebotene Unparteilichkeit[24] gewisse Zweifel gab.

---

[22] Nach Josef Kopperschmidt, Politische Vierteljahresschrift Vol. 29, No. 2 (Juni 1988), pp. 252.
[23] Jost Müller-Neuhof: Peter Müller: Wechsel gehört zum politischen Leben In: Tagesspiegel v. 3.5.2012. https://www.tagesspiegel.de/meinung/wechsel-gehort-zum-politischen-leben-2106109.html; Frank Drieschner: Saarlands Regierungschef Müller: Plötzlich Richter. DIE ZEIT Nr. 5/2011; aktualisiert 4.2.2012, https://www.zeit.de/2011/05/Bundesverfassungsgericht-Peter-Mueller
[24] Heribert Prantl: Er ist nicht unbefangen genug. Heribert Prantl im Gespräch mit Peter Kapern |

Legendär ist seine heftige Auseinandersetzung mit dem Staatsrechtler und Parteienkritiker Hans-Herbert von Arnim, deren Ausmaß erst durch einen Befangenheitsantrag von Arnims öffentlich wurde. Offenbar hatten sich Müller und v. Arnim schon im Jahr 2000 bei einer Podiumsdiskussion ordentlich »gefetzt«.[25] In seinem Antrag auf Richterablehnung wegen

---

25.11.2011; DLF 25.11.2011. https://www.deutschlandfunk.de/er-ist-nicht-unbefangen-genug-100.html
[25] Acr/LTO (2016): Ex-Ministerpräsident nicht befangen - Peter Müller entscheidet über von Arnims Wahlprüfungsbeschwerde.
https://www.lto.de/recht/nachrichten/n/bverfg-2bvc4614-befangenheitsantrag-peter-mueller-unbegruendet-wahlpruefungsbeschwerde-von-arnim/

Befangenheit gegen Müller[26] hatte v. Arnim auf eine Podiumsdiskussion am 20. Juni 2000 im Landtag Rheinland-Pfalz unter dem Titel »Volk oder Parteien - wer ist der Souverän?« verwiesen, bei der es zu einem Wortwechsel zwischen ihm und Müller gekommen sei. Der war damals gerade ein Jahr Ministerpräsident des Saarlandes. Auf v. Arnims kritische Äußerungen zur parteipolitischen Ämterpatronage hin habe Müller ihm unterstellt, er suggeriere, »dass Art. 33 Abs. 2 des Grundgesetzes faktisch außer Kraft gesetzt ist und nur noch auf der Basis eines Parteibuchs Ämter vergeben werden« und

---

[26] BVerfG, Beschluss des Zweiten Senats vom 19. Juli 2016 - 2 BvC 46/14 - Rn. (1 - 32), http://www.bverfg.de/e/cs20160719_2bvc004614.html

bestritten, »dass Art. 33 Abs. 2 des Grundgesetzes in der Mehrzahl der Fälle nicht mehr funktioniert«. Diese Erwiderung auf seine öffentliche Kritik sei maßlos übertrieben und zeige »den Ärger eines hohen Parteifunktionärs gegenüber dem sogenannten Parteienkritiker«[27] (also dem Beschwerdeführer v. Arnim). Außerdem habe der Beschwerdeführer auf die Äußerung des Richters Müller, die Verbeamtung der Parlamente beruhe darauf, dass der öffentlich Bedienstete »jederzeit in seinen früheren Beruf« zurückkehren könne, wie folgt erwidert: »Wir haben nicht nur eine Verbeamtung der Parlamente, sondern auch eine Verbeamtung der

---

[27] BVerfG, Beschluss des Zweiten Senats vom 19. Juli 2016 - 2 BvC 46/14 Rn. 7.

Parteien. Die können Sie nicht mit dem Rückkehranspruch begründen. Die hängt damit zusammen, dass viele öffentliche Bedienstete, um vorwärts zu kommen, in eine Partei eintreten. Das ist doch ein offenes Geheimnis, Herr Müller«. Darauf habe der CDU-Ministerpräsident und heutige Richter Müller geantwortet: »Das ist offener Unsinn«.

Beide Äußerungen zeigten, dass Müller bestrebt sei, Probleme und verfassungswidrige Auswüchse des Parteienstaates klein zu reden, und es ihm - in Verärgerung und feindseliger Gegnerschaft gegenüber dem »Parteienkritiker« - nicht um eine sachliche Diskussion gegangen sei, sondern um Polemik und Herabsetzung des Beschwerdeführers. Dies sei nun auch ein

Befangenheitsgrund. Müller seinerseits bestätigte die jeweiligen Tatsachen, bestritt aber jegliche Befangenheit.

Das Gericht wies den Befangenheitsantrag v. Arnims ab.

3. Nein zur Sterbehilfe – Müllers klare Vorfestlegung

In anderen Fällen war Müller befangen. Das war beispielsweise bei der erfolgreichen Verfassungsbeschwerde des Sterbehilfevereins Dignitas e.V. gegen § 217 Strafgesetzbuch (StGB)[28] in der Fassung des Gesetzes zur Strafbarkeit der geschäftsmäßigen Förderung der Selbsttötung vom 3. Dezember 2015 der Fall.

Am 13. Februar 2018 beschloss der Zweite Senat, ohne Mitwirkung des Verfassungsrichters Müller zu

---

[28] BVerfG, Urteil des Zweiten Senats vom 26. Februar 2020 - 2 BvR 2347/15 -, Rn. 1-343.

entscheiden[29], nachdem die Kläger einen Ablehnungsantrag wegen Besorgnis der Befangenheit gestellt hatten.

Die Ablehnung hatte einen spannenden Hintergrund, der in der Pressemeldung des Bundesverfassungsgerichts sehr ausführlich dargestellt wurde.

»In einer 2001 in einer Kirche gehaltenen Kanzelrede bekannte sich Richter Müller, damals Ministerpräsident des Saarlands, zum Grundsatz der ›Nichtverfügbarkeit des Lebens‹, lehnte aktive Sterbehilfe ab und forderte zugleich mehr Begleitung und Hilfe für Sterbende. 2006 fand ein Treffen der Landesregierung unter Vorsitz des Ministerpräsidenten Müller mit

---

[29] BVerfG, Beschluss des Zweiten Senats vom 13. Februar 2018 - 2 BvR 651/16 -, Rn. 1-26, http://www.bverfg.de/e/rs20180213_2bvr065116.html

Kirchenvertretern statt, dessen Ergebnis in einer Presseerklärung dahingehend wiedergegeben wurde, dass Land und Kirchen die mit der Gründung des Vereins ›Dignitas Deutschland‹ einhergehende ›geschäftsmäßige Förderung der Selbsttötung‹ verurteilten und die Absicht bekundet wurde, dass das Saarland gemeinsam mit Thüringen nach Gründung des Vereins gegen die Zulassung solcher aktiven Sterbehilfe vorgehen und für die Schaffung eines entsprechenden Straftatbestandes eintreten wolle. Im selben Jahr übersandte Ministerpräsident Müller den Entwurf eines Gesetzes zum Verbot der geschäftsmäßigen Vermittlung von Gelegenheiten zur Selbsttötung, der im Bundesrat keine Mehrheit fand. § 217 StGB in seiner verfahrensgegenständlichen Fassung beruht auf einem Gesetzesentwurf, der weitgehend mit dem von Ministerpräsident Müller vorgelegten Entwurf aus dem Jahr 2006 übereinstimmt und mehrfach auf diesen und dessen Begründung Bezug nimmt.«[30]

Der Christ und Christdemokrat Peter Müller hatte als Politiker eine klare, ethisch begründete Position zur Sterbehilfe geäußert. Dies ist politisch und menschlich ehrenwert. Es ist nicht nur legitim, sondern auch ein Beleg für außergewöhnliches politisches »Standing« in einer ethisch höchst sensiblen und schwierigen Frage, bei der es um Grenzerfahrungen des Lebens geht.

Verfassungs- und prozessrechtlich war nun genau diese Haltung im

---

[30] BVerfG, Pressemeldung vom 13. Februar 2018: Verfahren zum Verbot der geschäftsmäßigen Förderung der Selbsttötung (§ 217 StGB) wird ohne Mitwirkung von Bundesverfassungsrichter Müller entschieden.

Verfahren vor dem Bundesverfassungsgericht aber der Anlass für die Besorgnis der Befangenheit, geäußert durch die Klägerseite, denn es ging um eben diese höchst umstrittene Frage der laut Gesetz »Geschäftsmäßigen Förderung der Selbsttötung«, zu der sich Müller als Ministerpräsident des Saarlandes nicht nur explizit geäußert hatte. Er war auch selbst initiativ geworden.

> »Am 7. März 2006 fand ein Treffen der saarländischen Landesregierung unter Vorsitz des Ministerpräsidenten Müller mit Vertretern der Evangelischen Kirche im Rheinland und der Evangelischen Kirche der Pfalz statt. Eine anschließende Presseerklärung gab das Ergebnis des Treffens wie folgt wieder:
>
> ›Einmütig verurteilen Land und Kirchen die mit der in Niedersachsen erfolgten Gründung des

Vereins ‚Dignitas Deutschland' einhergehende geschäftsmäßige Förderung der Selbsttötung. Gemeinsam mit Thüringen will das Saarland nach Gründung des Vereins gegen die Zulassung solcher aktiven Sterbehilfe vorgehen und für die Schaffung eines entsprechenden Straftatbestandes eintreten‹.

Mit Schreiben an den Bundesratspräsidenten vom 27. März 2006 übersandte Ministerpräsident Müller den von Saarland, Hessen und Thüringen getragenen Entwurf eines Gesetzes zum Verbot der geschäftsmäßigen Vermittlung von Gelegenheiten zur Selbsttötung. Dieser sah vor, folgenden neuen § 217 in das Strafgesetzbuch einzufügen:

§ 217 Geschäftsmäßige Förderung der Selbsttötung

Wer in der Absicht, die Selbsttötung eines anderen zu fördern, diesem hierzu geschäftsmäßig die Gelegenheit vermittelt oder verschafft, wird mit

Freiheitsstrafe bis zu fünf Jahren bestraft.«

Es war nicht irgendein Gesetzentwurf, und es war auch keine exekutive Routine, sondern eine außergewöhnliche, von persönlichen Überzeugungen getragene Initiative des damaligen Ministerpräsidenten. Zwar hatte die Bundesratsinitiative zunächst keinen Erfolg und wurde 2014 für erledigt erklärt[31].

Hinsichtlich seiner rechtspolitischen Zielsetzung, Tatbestandsbeschreibung, strafrechtsdogmatischen Struktur und der wesentlichen Begründungsmuster wurde er aber zum Referenzmodell[32] für alle nachfolgenden Gesetzentwürfe zum § 217 StGB, auch

---
[31] 2 BvR 651/16 -, Rn.6.
[32] 2 BvR 651/16 -, Rn.9.

für die Gesetzesfassung vom 3. Dezember 2015. »In dem Gesetzentwurf zu diesem Straftatbestand werde an fünf Stellen auf den früheren Gesetzentwurf Bezug genommen. Dieser habe in erheblichem Ausmaß, insbesondere bei der Gesetzesbegründung, als Vorbild gedient«[33], monierten die Kläger.

»Aufgrund dieser weitgehenden Deckungsgleichheit seien beide Gesetzentwürfe derart aufeinander bezogen, dass es denkunmöglich sei, sie bei Zugrundelegung derselben verfassungsrechtlichen Maßstäbe unterschiedlich zu beurteilen.«[34]

Man beachte die kreative Formulierung der »Denkunmöglichkeit«.

---

[33] 2 BvR 651/16 -, Rn.9.
[34] 2 BvR 651/16 -, Rn.10.

Tatsächlich verweisen die Kläger von Dignitas aber auch auf die gesellschaftliche Brisanz und darauf, dass Müller »politischer Initiant und geistiger Urheber« gewesen sei. Das mag unverfänglich klingen, ist aber im Duktus mit seinen phonetischen und assoziativen Anklängen an Begriffe wie »politischer Denunziant« durchaus polemisch zu verstehen, wobei wir nicht zu urteilen haben, ob es auch so gemeint sei. Immerhin stellen die Kläger fest, dass Müller angesichts dieser hochemotionalen Befassung wohl kaum in der Lage sei, unbefangen über ein Gesetz zu entscheiden, das er in den Grundzügen selbst eingebracht und dem er unter Umständen Verfassungswidrigkeit bescheinigen müsste. Dass dies tatsächlich ein kaum lösbares Dilemma ist, wird jeder unbefangene, aber auch jeder sachkundige Betrachter sofort verstehen.

Müller selbst erklärte in einer dienstlichen Stellungnahme: »Er selbst sehe sich auch angesichts der in seinem damaligen politischen Amt vorgenommenen und - soweit verfahrensrelevant - mehr als zehn Jahre zurückliegenden Positionierungen in der Lage, der Erwartung des Verfassungs- und Gesetzgebers zu entsprechen, seine Aufgabe als Richter des Bundesverfassungsgerichts im vorliegenden Fall unvoreingenommen und unabhängig von seiner früheren politischen Tätigkeit wahrzunehmen. Davon sei allerdings die für das Vorliegen der Besorgnis der Befangenheit maßgebliche Frage zu unterscheiden, ob aus der Sicht eines Dritten

Anlass bestehe, an dieser Unvoreingenommenheit zu zweifeln. Zwar sei insoweit von der gesetzgeberischen Wertung auszugehen, dass selbst die Beteiligung am Verfahren zum Erlass der entscheidungserheblichen Vorschrift – die vorliegend nicht gegeben sei – weder die Ausschließung noch die Besorgnis der Befangenheit eines Richters begründe. Allerdings könnte hier eine abweichende Bewertung angesichts der mit der beschlossenen Fassung des § 217 StGB weitgehend inhaltsgleichen Bundesratsinitiative des Saarlands möglicherweise deshalb in Betracht kommen, weil die zu entscheidenden verfassungsrechtlichen Fragen wie etwa die Reichweite des aus der Menschenwürde fließenden Selbstbestimmungsrechts des Einzelnen, die

Unverfügbarkeit menschlichen Lebens sowie daraus folgender staatlicher Schutzpflichten von ethischen Vorverständnissen nicht vollkommen abgelöst werden könnten und Problematiken wie diejenige, ob dem Anspruch auf menschenwürdiges und selbstbestimmtes Sterben durch palliative medizinische Versorgung hinreichend Rechnung getragen werden könne, wertungsfreier Erkenntnis vielleicht nicht zugänglich seien.«[35]

Das sind sehr schwierige zu lesende Sätze aus dem Schriftsatz Müllers. Übersetzen wir sie doch einfach:

Peter Müller erklärte in seiner offiziellen Stellungnahme, dass er trotz

---

[35] BVerfG, Beschluss des Zweiten Senats vom 13. Februar 2018 - 2 BvR 651/16 -, Rn. 11.

seiner früheren politischen Position als Ministerpräsident in der Lage sei, seine Aufgabe als Richter am Bundesverfassungsgericht objektiv wahrzunehmen – unabhängig von seiner früheren politischen Tätigkeit. Das gelte auch im Fall Dignitas. Müller betonte jedoch, dass die Frage, ob ein Dritter Grund hat, an seiner Unvoreingenommenheit zu zweifeln, davon zu unterscheiden sei. Bei der Frage der Befangenheit ist das wichtig: Hat ein Dritter Anlass, an der Objektivität zu zweifeln. Dazu Müller: Man könnte hier durchaus zu einer anderen Meinung kommen als er selbst. Grund: Die Gesetzesänderung zum Strafrechtsparagraphen 217. Die sei weitgehend inhaltsgleich zu einer früheren Bundesratsinitiative des Saarlandes. Die damit zusammenhängenden verfassungsrechtlichen Fragen wie etwa die Reichweite des aus der Menschenwürde fließenden Selbstbestimmungsrechts des Einzelnen, die Unverfügbarkeit menschlichen Lebens sowie daraus folgender staatlicher Schutzpflichten seien nicht wertungsfrei zu entscheiden. Das gelte auch für die Frage, ob palliative medizinische Versorgung dem Anspruch auf ein würdevolles und selbstbestimmtes Sterben ausreichend gerecht werden kann.

Da hat also auch Müller das Problem der Unvoreingenommenheit und die Bewertung durch Dritte durchaus (selbst-)kritisch gesehen.

3. Müllers Provinzbühne – Staatsrecht als Theater?

Wer die Rede Peter Müllers vor der CDU Merzig-Besseringen liest, stellt fest: Er setzte die Pointen auf der Provinzbühne mit voller Absicht, so wie er schon als Ministerpräsident »Politik als Theater« verkauft hatte.

>»Wenn es im Folgenden passieren sollte, dass ich mich nicht in der gebotenen Weise zurückhalte, dann schreiben Sie es bitte nicht auf das Konto des Bundesverfassungsgerichts, sondern auf das Konto des Staatsbürgers, des alten Landesvorsitzenden, des Ministerpräsidenten a.D. Peter Müller", so leitete der 67-Jährige seinen Vortrag ein.«[36]

---

[36] Zit. nach Kirch

Da verstößt ein Verfassungsrichter vorsätzlich gegen das Gebot der richterlichen Zurückhaltung und damit nach den Bewertungskriterien eines normalen Beobachters gegen die Compliance-Regeln des Bundesverfassungsgerichts (Punkt 3). Wie er dies mit seinem richterlichen Amtseid vereinbaren kann, bleibt schleierhaft. Die Forderung des Gerichts, »dass kein Zweifel an der Neutralität ihrer Amtsführung gegenüber gesellschaftlichen, politischen, religiösen oder weltanschaulichen Gruppierungen entsteht[37]«, ist selbst bei wohlwollender Betrachtung nicht einzuhalten und mit der Vorrede ad absurdum geführt. Von »angemessener

---

[37] BVerfG, Verhaltsrichtlinien.

Zurückhaltung« kann keine Rede sein. Er stellt sie ja von Anfang an in Frage.

Über allem steht der Anspruch:

»Die Richterinnen und Richter des Bundesverfassungsgerichts erklären, sich in ihrem Verhalten während und nach dem Ende ihrer Amtszeit von den nachfolgenden Grundsätzen leiten zu lassen, die sich aus der besonderen Funktion des Bundesverfassungsgerichts als Verfassungsorgan des Bundes ergeben.«[38]

Warum negiert Müller diese grundlegenden Compliance-Regeln vorsätzlich? Was hat ihn geritten?

Dass Müller die Pariser Klima-Ziele einfach kassiert, dass mit seinen höchst

---

[38] BVerfG, Verhaltensrichtlinien, Präambel.

fragwürdigen Griechenland-Einlassungen Karlsruher Urteile in Frage stellt, an denen er mitgewirkt hat, dass er die Schwarze-Null wie eine Monstranz vor sich herträgt, obwohl gerade diese Politik der Investitionsverweigerung fatale Folgen hatte, verblüfft doch sehr und fordert zur Kritik geradezu heraus.

Polemik kann er, das hat er oft genug bewiesen. Und nicht nur v. Arnim behauptet, er beherrsche auch das Mittel der Herabsetzung. Das war mit hoher Wahrscheinlichkeit vor seiner Berufung als Verfassungsrichter. Und jetzt wieder auf der Provinzbühne der CDU. Vermutlich war es die Sentimentalität eines alten Parteiführers. Die hat in der ohnehin auf 12 Jahre begrenzten

Amtszeit eines Bundesverfassungsrichters nichts zu suchen.

4. Welche Meinungsdiktatur hedonistischer Eliten meint der Verfassungsrichter?

Man darf auf einer Provinzbühne als Grußwortredner viel Inhaltsleeres sagen. Man darf schwafeln, schwadronieren, abschweifen, man kann auch Blamables von sich geben, Kritikwürdiges, Substanzloses. Problematisch wird es, wenn Hochpolitisches vorsätzlich ex cathedra verkündet wird, und sei es in der Provinz. Dort ist der Bundesverfassungsrichter erst recht ein Halbgott, nicht einmal homöopathisch verdünnt (nach Dürrenmatt)[39]: »Mao ist schon

---

[39] Friedrich Dürrenmatt (1972): Die vier Verführungen des Menschen durch den Himmel. In: Dramturgisches und Kritisches. Tehater-

gottähnlich, und ein Staatsrat« – setze hier: Bundesverfassungs-richter – wenn auch gegenüber Mao homöopathisch verdünnt, hat etwas Erhabenes.«

Eben dies muss man Peter Müller zum Vorwurf machen: Da hat einer die Provinzbühne genutzt, um als Bundesverfassungsrichter Europa- und Weltpolitik zu machen. Das ist schon schlimm genug, wenn es nur um ein bisschen Polemik eines Richters geht, dem qua Amt hohes Vertrauen entgegengebracht wird. Verheerend aber ist die Aussage: »Es kann nicht sein, dass eine hedonistische Elite uns vorgibt, worüber wir noch reden dürfen und worüber nicht.«[40]

Schriften und Reden II. Zürich: Arche.
[40] Zit. nach Kirch, SZ.

Peter Müller gebraucht das rechtsgerichtete Narrativ des Redeverbots, der indirekten Zensur, des »nicht-mehr-über-etwas-reden-Dürfens«, das mit der Realität der deutschen Demokratie so wenig zu tun hat wie mit der Praxis der Gerichtsbarkeit und der öffentlichen Rede, das aber vor allem von der AfD, von den Sarrazins und Maaßens dieser Republik benutzt wird, um Meinung zu manipulieren.

Das Narrativ des Redeverbots, der indirekten Zensur und des »nicht-mehr-über-etwas-reden-Dürfens« ist eine Vorstellung, die von bestimmten rechtsgerichteten oder konservativen Gruppen oder Individuen propagiert wird. Es kann verschiedene Elemente umfassen, wie zum Beispiel:

Opferrolle: Das Narrativ kann behaupten, dass rechtsgerichtete Stimmen oder Meinungen in der öffentlichen Debatte unterdrückt werden und dass konservative Ansichten nicht mehr frei geäußert werden dürfen.

Einschränkung der Meinungsfreiheit: Behauptet wird, dass Redeverbote oder indirekte Zensurmaßnahmen, wie zum Beispiel bestimmte Formen von politischer Korrektheit oder »Cancel Culture«, dazu führen, dass bestimmte Meinungen oder Ansichten nicht mehr offen ausgesprochen werden können. Damit werde die Meinungsfreiheit eingeschränkt und die Vielfalt der Meinungen in der Gesellschaft gefährdet.

Anti-Establishment-Haltung: Das Narrativ betont eine anti-establishment-Haltung und behauptet, dass bestimmte Eliten bewusst versuchen, Meinungen zu unterdrücken, um ihre eigene Agenda durchzusetzen. Genau dort setzt Müller auch an, wenn er von der »hedonistischen Elite« spricht. Das ist eine ziemliche Böswilligkeit.

Kulturelle oder nationale Identität: Das Narrativ betont auch, dass bestimmte Themen oder Diskussionen, die mit kultureller oder nationaler Identität zu tun haben, zunehmend tabuisiert werden und nicht mehr offen angesprochen werden dürfen.

Das ist Saarazynismus.

Ist Müller insgeheim einer von ihnen? Ist es der »Saarazynismus Müllers«? Gibt uns tatsächlich »eine hedonistische Elite« (Müller), was immer das sei, vor, »worüber wir noch reden dürfen und worüber nicht«? Was ist das für eine *Vorgabe*? Wer setzt sie (um)? Und wie? Gibt es diese Einschränkung der Meinungs- und Redefreiheit, die ja auch populistische Autoren wie Sarrazin behaupten? Das Gegenteil ist der Fall. Es ist ja gerade das Bundesverfassungsgericht mit seinem Ersten Senat, das dem hohen Gut der Meinungs- und Redefreiheit immer wieder zur Geltung verhilft.

Reagieren wir doch mit Müllers eigenen Worten: Unsinn ist das.

Um keine Missverständnisse aufkommen zu lassen:

Peter Müller ist kein Rechtsgerichteter. Er kann aber Theater spielen und den Zyniker aufführen. Und das kann er gut.

Im soll nicht verschwiegen werden, dass es Cancel-Culture-Fälle gibt, deren Opfer vor allem Politiker und Wissenschaftler aus dem konservativen und liberalen Umfeld gehörten. Fakt ist aber, dass nach linken Protesten gegen de Maizière, Lindner oder andere die meisten dieser Reden doch gehalten wurden.

Wissenschafts-, Meinungs- und Redefreiheit ist im Übrigen keine Freiheit, frei von Kritik reden zu dürfen. Wer sich kritisch äußert, muss auch Kritik aushalten. Wer in die Küche geht, muss wissen, dass man sich dort die Finger verbrennen kann. Die Hitze in der Küche muss der Koch aushalten.

Andreas Rödder, durchaus einer der Kritiker der Cancel-Culture und seinerseits bemüht, einen rechten

Thinktank aufzubauen, um linksgrünen Parolen Paroli bieten zu können, schlägt den Ton an:

»Es gilt, die Meinung des anderen zu ertragen, auch wenn sie mir nicht passt.«[41]

Müller, der alte Skatspieler, spielt ein rechtes Stammtisch-Parolen-Blatt, wenn er der Europäischen Union »Rechtsvergessenheit«[42] vorwirft. Es ist in hohem Maße unsachlich, wenn Müller beklagt, es gehe in einer Demokratie nicht, dass ohne öffentliche Diskussion

---

[41] Rödder, Andreas: Es gilt, die Meinung des anderen zu ertragen, auch wenn sie mir nicht passt. In: Neue Zürcher Zeitung (04.11.2019), URL: https://www.nzz.ch/feuilleton/deutsche-universitaeten-es-gilt-andere-meinungen-zu-ertragen-ld.1518955
[42] Zit. nach Kirch.

aus der EU »eine Transfer- und Verschuldungsunion"[43] gemacht werde«.

Da ist er wieder, der Saarazyniker.

Dabei ist sein Verdikt gar nicht gerechtfertigt. Es ist, Müllers Worte an anderer Stelle, Unsinn.

---

[43] Zit. nach Kirch.

5. Saarazynische Gesinnungspolemik

Wer ausgerechnet als Saarländer nicht bereit ist, die Bedeutung Europas zu erkennen, wer die EU wahrheitswidrig und polemisch als »Transfer- und Verschuldungsunion« verunglimpft, der darf sich nicht beschweren, wenn er in einem Atemzug mit den Sarrazins und Maaßens dieser Republik genannte wird. Das ist unverantwortliche Stimmungsmache. Das ist Gesinnungspolemik eines alten, weißen konservativen Mannes, der seine Wurzeln vergessen hat.

Nicht minder kritikwürdig sind Müllers klimapolitischen Aussagen:

Er sagt, die Pariser Klimaziele seien nicht mehr zu erreichen, deshalb müsse jetzt mehr über die Anpassung an den Klimawandel gesprochen werden. So solle Wohlstand gesichert werden. Das sei aber auch ein Beitrag, um die natürlichen Lebensgrundlagen zu erhalten. Das könnte man gerade noch als Statement gelten lassen, was aber angesichts de Klimakrise schon problematisch ist. Doch schon wird es wieder polemisch:

»Permanent die Apokalypse auszurufen«, sei nicht vernünftig.

So reden konservative CDU-Parteivorsitzende, die in der Opposition sind und die Regierung attackieren. Müller ist Ehrenvorsitzender. Er war Ministerpräsident mit absoluter und jamaikanischer Mehrheit. Aber er ist nicht mehr aktiv als Politiker, und er hat sich mit solcherlei Rhetorik zurückzuhalten.

Denn er ist eben auch Bundesverfassungsrichter, dem man gleich zu Beginn seiner Richterzeit »gesagt habe, dass der Richter durch sein Urteil spreche und ansonsten schweige«. Und er fügt hinzu:

»Am besten geben Sie Ihr Parteibuch zurück, Parteiveranstaltungen besuchen Sie auch nicht mehr, jedenfalls äußern Sie sich jetzt nicht mehr«, habe man ihm gesagt.[44]

Er hat dann aber viele CDU-Parteiveranstaltungen besucht und sich nicht an den klugen Kollegenrat gehalten – getreu dem Motto des alten Dorfrichters Adam, der ja nun kein Vorbild war – in keiner Hinsicht:

---

[44] Zit. nach Kirch.

> »Mein Seel! Es ist kein Grund, warum ein Richter,
> Wenn er nicht auf dem Richtstuhl sitzt,
> Soll gravitätisch, wie ein Eisbär, sein.«[45]

Das ist er wahrlich nicht, der Adam. Und das ist auch der Müller gewiss nicht: Ein gravitätischer Eisbär.

Stattdessen übt er hitzig Kritik an Elektro-Mobilität. Zum Versuch, CO_2 durch die Verstromung des Verkehrs und der Wärme einzusparen, bemerkte Müller:

»Strombasierte Prozesse heißen in der Situation, in der wir jetzt sind: mehr Kohlekraftwerke, mehr fossile Energien, mehr CO_2, mehr Klimawandel und nicht weniger. Das ist die

---

[45] Kleist, Der zerbrochene Krug.

Wahrheit, über die man in diesem Land doch noch reden können muss.«[46]

Was für ein Satz von einem Bundesverfassungsrichter, der zum Sprachschatz der Abgedrifteten gehört: »Das ist die Wahrheit, über die man in diesem Land doch noch reden können muss.«[47]

Das hat uns dann doch vom Hocker gehauen, um es flapsig und nicht wissenschaftlich auszudrücken. Aber der Satz des Herrn vom Zweiten Senat, der Satz des Herrn, der sonst in roter Robe über die Verfassung und ihre Ausprägung redet, ist auch kaum nachvollziehbar.

Man darf ja darüber reden.

---

[46] Zit. nach Kirch.
[47] Zit. nach Kirch.

So, wie man auch gegen die Elektromobilität und für Verbrenner-Autos sein kann. Das ist in diesem Lande nicht verboten.

Aber der Glaube, der Verbrenner sei zu retten, ist angesichts der Weltmarktlage, der Umweltgesetze in Europa und vielen anderen Teil der Welt ein absurder Irrglaube, den so nur die FDP mit Christian Lindner und Volker Wissing und Teile der CDU vertreten. Die Nummer ist vorbei, das Thema ist erledigt.

Müller aber muss ihn ganz im Sinne der Altvorderen ex cathedra der CDU-Provinzbühne sprechen, um deren provinziellen Applaus abzuholen.

Den Fokus auf Elektromobilität hält der ehemalige Regierungschef für verhängnisvoll, er sprach von einer »Verengung der Debatte«.

Das darf er.

Es ist nicht einmal ein Problem, wenn er es so formuliert: »Spielt es keine Rolle, wo die seltenen Erden herkommen, die in so einer Batterie verbraucht werden, unter welchem CO_2-Einsatz sie gewonnen werden, dass ein Teil des Lithiums nachweislich durch Kinderarbeit gewonnen wird, dass die Entsorgung möglicherweise ökologisch hochproblematisch ist?«[48]

Ja, darüber darf und muss gesprochen werden. Es ist sogar ausdrücklich erwünscht.

Niemand stellt dazu Redeverbote auf. Eine Zensur findet nicht statt. Das

---

[48] Zit. nach Kirch.

Thema ist bekannt, Müller rennt offene Türen ein. Aber der alte weiße Verbrenner-Auto-Mann wird mit dieser Diskussion nicht erreichen, dass es zu einer Renaissance der Verbrenner-Autos – ob groß oder klein – kommt. Der Zug ist abgefahren. Und das Auto, das noch mit Benzin fährt, bald auch, mögen Müller und Wissing und Lindner noch so sehr kritisieren, dass man den E-Fuels keine Chance gibt. China hat Fakten geschaffen, die EU im Sinne der Wettbewerbsfähigkeit auf dem Weltmarkt auch. An China kommt niemand vorbei. Deshalb ist dieser Weg der derzeit einzig gangbare Technologiepfad.

Müller kritisiert die Entscheidungsprozesse zum Ende des Verbrenners in EU und Bundespolitik. Mit rationalen Entscheidungsprozessen in einer

Demokratie habe das »vergleichsweise wenig« zu tun. »Am Ende ist der Umwelt nicht geholfen, dem Industriestandort Deutschland aber geschadet.«[49]

Nun wissen wir also, wo Müller steht: Nicht im Gerichtssaal, sondern auf der Bühne der Autofreunde und deren Lobby sowie auf Seiten der Industrie.

„Damals, als ich noch Politik gemacht habe", sagte Müller, „haben wir immer gesagt: Die Politik sagt der Industrie, welche Ziele und Abgaswerte sie erreichen muss, welche Umweltstandards sie erfüllen muss." Wie sie das mache, sei egal. „Heute glaubt die Politik, das besser zu wissen." Das ist

---

[49] Zit. nach Kirch.

nicht die Wahrheit. Auch in der Vergangenheit hat die Politik der Industrie klare Vorgaben gemacht. Müller weiß das. Deshalb ist seine Argumentation unredlich. Das ist nicht das, was man von einem der 16 deutschen Verfassungsrichter erwartet.

Seine Sprache ist verräterisch:

„Damals, als ich noch Politik gemacht habe"...

Er hat die parteipolitische Sphäre nie verlassen. All die Kritiker, die monierten, dass ein ausgeprägter Parteipolitiker Richter in Karlsruhe wird, sehen sich nun bestätigt. Da kann einer, der Recht über Verfassung, Wahlen und Parteien, über die Europäische Union und die EZB sprechen muss, die parteipolitische Brille nicht ablegen.

Damit macht er sich angreifbar, weil die Besorgnis der Befangenheit nicht nur in Einzelfällen wie dem § 217 (Sterbehilfe) gegeben ist, sondern sich auch in anderen Fällen aufdrängt, die zu prüfen wären. Er war ja schon umstritten, weil er weder langjährige Gerichtspraxis an Obergerichten vorweisen konnte noch mit wissenschaftlichen Publikationen aufgefallen war.

Wenn es um kritische Vorbehalte gegen Müller geht, ist das »Ultravires-Urteil«, das in vielen Fachartikeln und Blogs kontrovers diskutiert wurde, von besonderem Interesse, insbesondere wenn man weiß, dass Peter Müller ein gespanntes Verhältnis zu Angela Merkel hatte, nachdem er 2006 nicht in das Amt des Bundeswirtschaftsministers im Kabinett Merkel berufen wurde.

Das Ultravires-Urteil war nicht nur eine Machtprobe mit EZB, Kommission und EuGH, sondern auch ein Denkzettel für Angela Merkel. Ja, es ist vom Zweiten Senat in seiner Gesamtheit gefällt worden. Müller war Teil des Senats-Mainstreams. Er hat kein Sondervotum abgegeben. Er ist nicht aufgefallen in der Urteilsbegründung.

Aber seine glasklare Haltung in dieser Frage ist bekannt. Und die ist eine ganz andere als die der langjährigen Bundeskanzlerin. Müller ist Richter. Er hat zu urteilen über die Verfassungsmäßigkeit. Er ist kein Schiedsrichter. Er ist auch kein Über-Entscheider gegenüber Bundesregierung, Parlament und Länderkammer.

Aber er urteilt nicht prägungsfrei. Er urteilt auch nicht frei von persönlichen Erfahrungen im Beruf, im Amt, in der Politik.

Und deshalb darf man Fragen stellen.

Trifft es zu, dass er sie in den 2000er Jahren, als er noch dem Anden-Pakt zugerechnet und nicht als Minister berücksichtigt wurde, als Egomanin bezeichnet hat? Der Autor erinnert sich dunkel an ein entsprechendes Gespräch in Eppelborn, dem Heimatort Müllers. Aber Hörensagen ersetzt natürlich keine Beweise und Belege.

Kritisch ist das Sondervotum Müllers zum EU-Hilfsfonds »Next Generation« zu sehen, auf das er indirekt auch in seiner Besseringer CDU-Rede anspielt.

»›Den Vorhang zu und alle Fragen offen‹ scheint mir keine geeignete Maxime zum effektiven Schutz des grundrechtsgleichen Rechts auf Demokratie aus Art. 38 Abs. 1 Satz 1 GG zu sein. Dennoch lässt die Senatsmehrheit in ihrer Entscheidung nahezu alle relevanten unionsrechtlichen Fragen unbeantwortet, verweigert den Dialog der europäischen Verfassungsgerichte, nimmt eine Verletzung der Integrationsverantwortung in Kauf und deutet einen Rückzug des Senats aus der materiellen Ultra-vires-Kontrolle an. Daher sehe ich mich zu meinem Bedauern außerstande, diese Entscheidung mitzutragen.«[50]

---

[50] BVerfG, Abweichende Meinung des Richters Müller zum Urteil des Zweiten Senats vom 6. Dezember 2022

Trotz „gewichtiger Bedenken" hat das Bundesverfassungsgericht – genauer gesagt: der Zweite Senat – die deutsche Beteiligung an dem milliardenschweren Aufbauinstrument „Next Generation EU" abgesegnet. Die Mehrheit des Zweiten Senats sah „keine offensichtliche" Kompetenzüberschreitung der EU. Auch die haushaltspolitische Gesamtverantwortung des Deutschen Bundestages sei nicht beeinträchtigt.

Mit der Mehrheitsmeinung konnte sich Peter Müller nicht identifizieren.[51]

- 2 BvR 547/21; 2 BvR 798/21, Rn. 1ff.   https://www.bundesverfassungsgericht.de/SharedDocs/Entscheidungen/DE/2022/12/rs20221206_2bvr054721.html
[51] Gelinski (2022). Karlsruhe billigt Beteiligung am EU-Corona-

Das ist ein normaler Vorgang.

Schon in seinem Minderheitenvotum spricht Müller vom »Weg der Transformation der Europäischen Union in eine Transfer- und Verschuldungsunion«[52].

Das daraus allerdings eine parteipolitische Abrechnung wird, die im Fußball einem sanktionswürdigen Nachtreten gleichkäme, dürfte ziemlich einzigartig sein.

Saarazynische Gesinnungspolemik ist für einen Verfassungsrichter nicht angemessen.

Nun wird man einwenden:

Fonds. FAZ online v. 6.12.2022. https://www.faz.net/aktuell/wirtschaft/mehr-wirtschaft/karlsruhe-billigt-beteiligung-am-eu-corona-fonds-18514789.html
[52] Sondervotum Müller, Rn. 30.

Zweifellos ist das Minderheitenvotum zum Eilantrag gegen das Eigenmittelbeschluss-Ratifizierungsgesetz schlüssig und intensiv begründet. Das ist richtig.

Nicht von der Hand weisen kann man allerdings, dass sich Müller in der Sache der Argumentation des »Bündnis Bürgerwille« um den früheren AfD-Vorsitzenden Bernd Lucke angeschlossen hat. Das bleibt bei Gerichtsentscheidungen nicht aus. Man kann sich den Kläger nicht aussuchen.

Aber auch die übergroße Senatsmehrheit hat schlüssige Argumente:

»Da sich der Ausgang des Hauptsacheverfahrens als offen erweise, habe das BVerfG grundsätzlich eine Folgenabwägung vorzunehmen. Diese gehe hier zulasten der Antragsteller aus.

Erginge die einstweilige Anordnung, könnte der Eigenmittelbeschluss 2020 bis zur Entscheidung in der Hauptsache nicht in Kraft treten.«[53]

Das Gericht hielt es also für sinnvoll und notwendig, keine einstweilige Anordnung zu erlassen, um der Europäischen Union zu ermöglichen, nach der Corona-Pandemie mit einem 750-Milliarden-Euro-Paket wieder auf die Beine zu kommen. Dies ist schlüssig und nachvollziehbar. Man muss schon sehr marktradikal sein, nach einer solchen pandemiebedingten kontinentalen Wirtschaftsnotlage die Kredithilfe zu verweigern. Selbstverständlich lässt sich darüber trefflich streiten, auch

---

[53] Beck aktuell/dpa vom 21. April 2021 zu zu BVerfG, Beschluss vom 15.04.2021 - 2 BvR 547/21.

über die Frage, ob es sich tatsächlich um einen Ultravires-Fall handelt, da ja der Ministerrat, der Deutsche Bundestag und der Bundesrat Entscheidungen getroffen haben.

»Der Eigenmittelbeschluss 2020 könnte nach der Zustimmung aller Mitgliedstaaten in Kraft treten und die Europäische Kommission wäre ermächtigt, bis 2026 im Namen der EU Mittel bis zu 750 Milliarden Euro zu Preisen von 2018 an den Kapitalmärkten aufzunehmen. Für den Bundeshaushalt könnten sich daraus nur dann zusätzliche Belastungen ergeben, wenn die Gesamtguthaben der EU ihren Kassenmittelbedarf nicht decken. Für den Fall, dass sämtliche andere EU-Mitgliedstaaten ihrer Nachschusspflicht nicht nachkämmen, könnte sich bis

2058 rechnerisch nach Darstellung der Bundesregierung eine jährliche Belastung des Bundeshaushalts von etwa 21 Milliarden Euro ergeben. Dieses Szenario hielten Bundestag und Bundesregierung für unrealistisch. Sollte sich der Eigenmittelbeschluss 2020 im Hauptsacheverfahren als Ultra-vires-Akt erweisen, bestehe die Möglichkeit, dass der – vom BVerfG nach Art. 267 AEUV zu befassende – EuGH den Eigenmittelbeschluss für nichtig erklärt. Stelle der Senat einen Ultra-vires-Akt fest oder sollte er entgegen der summarischen Prüfung im vorliegenden Beschluss eine Berührung der Verfassungsidentität durch den Eigenmittelbeschluss bejahen, müssten Bundesregierung, Bundestag und Bundesrat die ihnen zu Gebote stehenden

Maßnahmen ergreifen, um die Verfassungsordnung wiederherzustellen.«[54]

---

[54] Beck/dpa.

6. Ein öffentlich auftretender Bundesverfassungsrichter ist kein Privatmann

Kann ein amtierender Bundesverfassungsrichter Privatmann sein, wenn er sich politisch äußert? Nein.

Er ist es auch nicht. Das Bundesverfassungsgericht stellt dies in seinen Verhaltensregeln ausdrücklich selbst fest. Müller hat diese Verhaltensregeln mit ausgearbeitet und unterschrieben.

Das Gericht steht damit in einer langen Tradition.

Schon Hans Kelsen (1931) wird in der rechtswissenschaftlichen Literatur zitiert, wenn es um die eminent politische Bedeutung eines

Verfassungsgerichts geht. 1987 haben sich York Jäger[55] und Hubert Rottleuthner[56] eingehend zu dieser Frage geäußert. Es ist tatsächlich nicht nur soziologisch von Bedeutung, woher die Richter kommen und wie sie möglicherweise entscheiden, sondern auch politisch und gesellschaftlich.

Letztlich ist es auch und vor allem eine Frage des Vertrauens in die Demokratie. Das Thema behandelt ein fundamentales Problem, über das diskutiert werden muss, auch mit Blick auf die Unabhängigkeit des

---

[55] Jäger, York (1987): Entscheidungsverhalten und Hintergrundfaktoren der Bundesverfassungsrichter. In: ZRP, 20. Jg., H. 10, 360-363.
[56] Rottleuthner, Hubert (1987), Einführung in die Rechtssoziologie, S. 110.

Bundesverfassungsgerichts. Das zeigt auch die Debatte über die Politisierung des Supreme Court in den USA. Die Frage ist also keineswegs trivial.

So gesehen hat Müller mit seiner Stammtischrede in Merzig-Besseringen der Demokratie und dem Bundesverfassungsgericht keinen guten Dienst erwiesen.

6. Neutralität, Vorbelastung und Nachbelastung

Die Debatte über Richterwahlen wird in Deutschland schon lange geführt. Immer wieder wurde die Frage der politischen »Vorbelastung« von Verfassungsrichtern mit Blick auf deren Objektivität diskutiert. Mittlerweile wird auch über die »Nachbelastung« nach Amtsende debattiert. Es geht dabei vor allem um Gutachten (Papier) und Publikationen.

Müller und Udo di Fabio sind ebenso wie Herbert Landau jeweils eigene Fälle. Di Fabios Publikationen sind auch von ziemlich eigenem Charakter. Aber sie verstoßen nicht gegen Compliance-Regeln, die erst lange nach seinem Ausscheiden verfasst wurden. Bei Müller ist dies anders.

Müller verstößt mit seiner Rede gegen zwei fundamentale Gebote: Das der richterlichen Unparteilichkeit und das der gebotenen Zurückhaltung.

7. Das PSPP-Verfahren und die Ultra-vires-Frage

Das Bundesverfassungsgericht hat am 5. Mai 2020 entschieden, dass die Europäische Zentralbank (EZB) mit ihrem Anleihekaufprogramm Staatsanleihen in großem Stil aufgekauft hat und damit ihre Kompetenzen überschritten hat.

Das Urteil wurde vom Zweiten Senat des Bundesverfassungsgerichts gefällt. Die Leitsätze des Urteils lauten wie folgt:

»Die Entscheidungen des EZB-Rates vom 19. November 2015 und vom 10. März 2016 sowie die Pressemitteilungen der EZB vom 22. Januar und vom 10. März 2015 verstoßen gegen das Verbot der monetären Haushaltsfinanzierung und überschreiten das Mandat der Europäischen Zentralbank aus Art. 127 Abs. 1 und 2 AEUV.«

Die Entscheidung "PSPP" des Bundesverfassungsgerichts betrifft ein intensiv diskutiertes Programm der Europäischen Zentralbank (EZB) namens "Public Sector Purchase Programme" (PSPP). Das Programm beinhaltet den Kauf von Staatsanleihen durch die EZB, um die Wirtschaft in der Eurozone zu stimulieren und die Inflation anzukurbeln. Die »Ankaufprogramme sollten die Transmission der Geldpolitik weiter verbessern, die Kreditversorgung der Wirtschaft im Euro-Währungsgebiet erleichtern, die Finanzierungsbedingungen für private

Haushalte und Unternehmen lockern und dazu beitragen, dass sich die Inflationsraten, entsprechend dem vorrangigen Ziel der EZB, die Preisstabilität zu gewährleisten, wieder einem Niveau von 2 % annähern.«[57]

Die Entscheidung des Bundesverfassungsgerichts betrifft die Frage, ob das PSPP-Programm im Einklang mit dem europäischen und dem nationalen Recht steht. Das Bundesverfassungsgericht kam zu dem Schluss, dass das PSPP-Programm teilweise gegen das Verbot der monetären Staatsfinanzierung und das Verbot der unmittelbaren Staatsfinanzierung verstößt.

---

[57] Ziff. 2 Beschluss (EU) 2015/774 der EZB.

Außerdem überschritten sie das Mandat der Europäischen Zentralbank.

Dies ist ein kontroverses Urteil, da es in Konflikt mit der bisherigen Rechtsprechung des Europäischen Gerichtshofs (EuGH) steht, der das PSPP-Programm für rechtmäßig hält. Wirtschaftswissenschaftler kommen zu unterschiedlichen Einschätzungen. Unbestritten ist aber, dass das Ziel eines höheren BIP in der EU ebenso erreicht wurde wie die Erhöhung der damals extrem niedrigen Inflationsrate. Damals wurde eine Rezession befürchtet. Vor diesem Hintergrund erscheint die Verve, mit der vor allem Präsident Vosskuhle und Richter Müller den Machtkampf mit der EZB und dem EuGH anzettelten, zumindest erstaunlich. Wir wissen nicht, ob Müller dabei auch über Bande spielte und dabei der Bundeskanzlerin einen Schuss vor den Bug setzte. Es war ja nicht der erste Fall dieser Art, in der Angela Merkel von Zweiten Senat in die Schranken gewiesen wurde.

Das Bundesverfassungsgericht hat in ihrer PSPP-Entscheidung jedoch auch betont, dass es das Urteil des EuGH respektiert und ihm folgt, soweit es mit dem deutschen Grundgesetz vereinbar ist. Das bedeutet, dass das Bundesverfassungsgericht die Anwendung des PSPP-Programms nicht automatisch stoppen kann, sondern dass es Sache des EuGH ist, zu prüfen, ob das Programm mit dem europäischen Recht vereinbar ist.

In Bezug auf die "ultra-vires"-Frage geht es darum, ob die EZB ihre

Befugnisse überschritten hat, indem sie das PSPP-Programm durchführt. Das Bundesverfassungsgericht kam zu dem Schluss, dass die EZB ihre Befugnisse nicht überschritten hat, jedoch forderte es eine klarere Begründung für das Programm und eine Abwägung seiner Auswirkungen auf die Wirtschaft und die Finanzmärkte.

Insgesamt hat die Entscheidung des Bundesverfassungsgerichts zu kontroversen Debatten und Diskussionen innerhalb der Europäischen Union geführt, da sie Fragen zur Rolle des EuGH und zur Souveränität der Mitgliedsstaaten aufwirft. So wird die »Ultra-vires-Kontrolle als notwendiger

Baustein der europäischen Demokratie«[58] gesehen.

Müller stand voll hinter diesem Urteil. Umso schärfer argumentierte er, als der zweite Senat in der oben genannten Eilentscheidung nicht in seinem Sinne entschied.

Man kann dies als Frage der Konsequenz nachvollziehen. Sie fand ihren Ausfluss im Sondervotum. Dass sie letztlich in polemischer Form auch in der Parteirede landete, hat einen negativen Beigeschmack.

---

[58] Z.B. Riedl (2021): Die Ultra-vires-Kontrolle als notwendiger Baustein der europäischen Demokratie. Verfassungsblog v. 12.6.2021. https://verfassungsblog.de/ultra-vires-pspp/

8. Merkel, der Zweite Senat und das Äußerungsrecht der Bundeskanzlerin

Pikant ist der Streit um das Äußerungsrecht der Bundeskanzlerin. Es ist davon auszugehen, dass dieses ebenfalls heiß diskutierte Urteil die Handschrift Peter Müllers trägt.

Es ist gewiss Zufall, dass es in diesem Fall die Bundeskanzlerin persönlich traf – und das in einem anderen, ebenso pikanten und heftig umstrittenen Ausgangsfall. Dabei ging es um die Wahl des FDP-Politikers Thomas Kemmerich zum Ministerpräsidenten des Freistaats Thüringen.

Mit Urteil vom 15. Juni 2022 hatte der Zweite Senat entschieden, dass

Bundeskanzlerin Angela Merkel durch eine im Rahmen einer Pressekonferenz mit dem Präsidenten der Republik Südafrika am 6. Februar 2020 in Pretoria getätigte Äußerung zur Ministerpräsidentenwahl in Thüringen und deren anschließende Veröffentlichung auf den Internetseiten der Bundeskanzlerin und der Bundesregierung die AfD in ihrem Recht auf Chancengleichheit der Parteien aus Art. 21 Abs. 1 Satz 1 GG verletzt hat. Das war ein Paukenschlag.

Im Februar 2020 war Thomas Kemmerich (FDP) im dritten Wahlgang zum Ministerpräsidenten des Freistaats Thüringen gewählt worden. An der Wahl wurde wegen der angenommenen Mitwirkung von Abgeordneten sowohl der AfD- als auch der CDU-

Landtagsfraktion heftige öffentliche Kritik geübt. Die Bundeskanzlerin äußerte sich dazu am Tag nach der Wahl im Rahmen eines Staatsempfangs mit dem Präsidenten der Republik Südafrika dahingehend, dass die Ministerpräsidentenwahl mit einer »Grundüberzeugung« gebrochen habe, »für die CDU und auch für mich«, wonach mit »der AfD« keine Mehrheiten gewonnen werden sollten. Der Vorgang sei »unverzeihlich«, weshalb das Ergebnis rückgängig gemacht werden müsse. Es sei »ein schlechter Tag für die Demokratie« gewesen.

Es erstaunt, dass eine Bundeskanzlerin, die ja auch sehr Parteivorsitzende der CDU war und als Person und als Spitzenkandidatin ihrer Partei in den Bundestag gewählt worden war, für eine Rüge im Interesse des Funktionierens der Demokratie vom zweiten Senat abgewatscht wurde. Die Richterin Astrid Wallrabenstein hat in ihrem Sondervotum zu Recht darauf hingewiesen, dass »Inhaber von Regierungsämtern ... regelmäßig in ihrer Doppelrolle wahrgenommen [werden]. Aus Sicht der Bürgerinnen und Bürger bestehen aufgrund der Verschränkung von staatlichem Amt und parteipolitischer Zugehörigkeit gegenüber einem Regierungsmitglied nur begrenzte Neutralitätserwartungen.« Das ist zutreffend.

Der Zweite Senat in seiner überwiegenden Mehrheit stellt dagegen fest, Bundeskanzlerin Merkel habe mit der getätigten Äußerung in amtlicher Funktion die Antragstellerin AfD negativ qualifiziert und damit in einseitiger Weise auf den Wettbewerb der politischen Parteien eingewirkt. Der damit verbundene Eingriff in das Recht auf gleichberechtigte Teilhabe am Prozess der politischen Willensbildung aus Art. 21 Abs. 1 Satz 1 GG sie weder durch den Auftrag des Bundeskanzlers zur Wahrung der Stabilität der Bundesregierung sowie des Ansehens der Bundesrepublik Deutschland in der Staatengemeinschaft gerechtfertigt, noch handelt es sich um eine zulässige Maßnahme der Öffentlichkeitsarbeit der Bundesregierung.

Darüber kann man nur allerdings heftig diskutieren, zumal die AfD als Partei, die zumindest in Teilen unter Beobachtung des Verfassungsschutzes steht und zum Teil gesichert rechtsextremistisch ist, sehr wohl eine Gefahr für die Demokratie ist. Die Schranken-Schranke des Art. 5 GG gilt insbesondere dann, wenn in der Abwägung der Grundrechte eine Vermutung zugunsten der freien Rede besteht. Diese ist hier anzunehmen. Ein Redeverbot angesichts der Funktion der Bundeskanzlerin, wenn es um fundamentale Fragen der demokratischen Grundordnung in der Bundesrepublik Deutschland geht, ist kaum zu verantworten. Das Urteil des Zweiten Senats vom 15. Juni 2022 - 2 BvE 4/20 – wirft grundsätzliche Fragen auf. Die »Maßgaben zur Abgrenzung des Handelns in amtlicher Funktion von der nicht amtsbezogenen Teilnahme am politischen Wettbewerb«, von denen im amtlichen Leitsatz 1 die Rede ist, sind weltfremd und angesichts der Bedrohungen der Demokratie durch Rechtsextremisten auch riskant. Darauf hat die Richterin Wallrabenstein zu Recht hingewiesen.

Damit entfernt sich das Gericht von einer Berücksichtigung der politischen Dimension des Regierungshandelns. Das ist politisch unsinnig und unverantwortlich.

Hier soll nicht behauptet werden, dass es möglicherweise irgendwelche Animositäten irgendeines Verfassungsrichters gegen die Bundeskanzlerin gab. Es könnte sicherlich eine wie auch immer geartete Besorgnis der Befangenheit zumindest gegen einen der Richter geben; eine solche Besorgnis der Befangenheit wurde allerdings nicht geäußert.

Zutreffend erscheint das Urteil im zweiten Teil der AfD-Verfassungsbeschwerde.

Durch die Veröffentlichung der Äußerung Merkels auf den Internetseiten haben Bundeskanzlerin und Bundesregierung auf Ressourcen zurückgegriffen, die allein ihnen zur Verfügung standen. Indem sie auf diese Weise das negative Werturteil über die AfD verbreitet haben, haben sie die Partei in ihrem Recht auf gleichberechtigte Teilnahme am politischen Wettbewerb verletzt. Dem würde man nicht widersprechen.

Das Äußerungsverbot, das gegenüber der Bundeskanzlerin für den genannten Fall ausgesprochen wurde, aber ist eine Fehlentscheidung.

Was Müller damit zu tun hat?

Im Verfassungsblog wird Müller als Berichterstatter im Vergleich zu übrigen Abhandlungen heftig angegangen. »Verhältnismäßigkeit ohne Ziel«[59] heißt es da.

So wird nun allmählich ein Schuh daraus. Müller hat aus den Maßstäben eines ganz anderen Verfahrens (der 3-Prozent-Europawahlgrenze beim NPD-Verfahren) einen Vorbehalt gebaut, der für die politischen Äußerungen von Amtsträgern nun verheerend sein kann:

Da ist der chilling effect. Politiker der Exekutive werden nämlich von jetzt ab immer das Damoklesschwert einer Verurteilung durch das BVerfG

---

[59] Stohlmann (2022): Verhätlnismäßig politisch.

vor Augen haben. Das wird sich als Schere im Kopf auswirken – mit erheblichen Schäden für die demokratische Debatte. Dass dies ausgerechnet auf den Senat zurückzuführen ist, in dem der ausgewiesene Parteipolitiker Müller Berichterstatter des Dezernats ist, der die Doppelrolle Ministerpräsident / Parteipolitiker praktisch nie getrennt hat, ist mehr als pikant. Die neue »Rechtsprechung des BVerfG erlegt also einseitig (!) den Mitgliedern der Exekutive einen Maulkorb auf, während die Mitglieder der Opposition keinerlei besondere Grenzen beachten müssen. Die AfD (vielleicht bald unter Höcke) wird schon wissen, wie sie aus diesem Tatbestand Honig saugen kann,« bemerkt ein Blog-Kommentator.

Wenn man dann noch bedenkt, dass Müller selbst mit einem Verfassungsverstoß die Wahl 2009 gewonnen hat, wird die Angelegenheit noch pikanter. Hans Herbert v. Arnim hat Müller »verschleierte Parteienfinanzierung« vorgeworfen – und das beim Befangenheitsantrag beim BVerfG. Er beklagt, »dass Müller als Ministerpräsident des Saarlandes im Landtagswahlkampf 2009 verfassungswidrige verschleierte Parteienfinanzierung zu Gunsten seiner Partei, der CDU, betrieben hat, indem seine Regierung und er persönlich in mehreren Fällen die Grenzen für zulässige Regierungspropaganda erheblich überschritten haben.«

Die Verfassungswidrigkeit dieser Maßnahmen habe der

Verfassungsgerichtshof des Saarlandes 2010 eindeutig festgestellt. Im Tenor seines Urteils vom 1.7.2010 (Lv 4/09) heißt es dazu wörtlich:

»Es wird festgestellt, dass die Antragsgegnerin [gemeint war die Landesregierung des Saarlandes unter ihrem Ministerpräsidenten Peter Müller] dadurch gegen das Gebot der Neutralität des Staates im Wahlkampf (Art. 60 Abs. 1 und Art. 61 Abs. 1 SVerf i. V. m. Art. 21 Abs. 1 GG) verstoßen hat, dass sie vor der Landtagswahl vom 30.08.2009 durch die Publikation der Broschüre »Saarland – aber sicher« und durch die Veröffentlichung der Anzeigenserie »Der Ministerpräsident informiert« [...] sowie durch den Brief des Ministerpräsidenten vom Mai 2009, der den Gehaltsabrechnungen der

Beschäftigten des Landes beigefügt war, werbend in den Wahlkampf eingegriffen hat.«

Das zornige Fazit des Parteienkritikers v. Arnim:

»Dass Peter Müller nur kurze Zeit vor Antritt seines Amtes als Verfassungsrichter eine zumindest mit bedingtem Vorsatz begangene verfassungswidrige verschleierte staatliche Parteienfinanzierung zu verantworten und diese auch persönlich vorgenommen hatte, lässt darauf schließen, dass er die verfassungsrechtlichen Grenzen für Regierungspropaganda nicht ernst nahm.«[60]

---

[60] v. Arnim (2015): Beschwerde gegen die Zurückweisung meines Einspruchs gegen die Gültigkeit der Bundestagswahl vom 22. September 2013 (2 BvC 46/14)

Es entbehrt nicht einer gewissen Pikanterie, diese »historischen« biografischen Anekdoten mit der Rechtsprechung in Karlsruhe, der Agenda im Bereich Wahlen und Parteien, dem Sondervotum in Sachen EZB, dem Blattschuss gegen Merkel und der parteipolitischen Besseringen-Rede Müllers 2023 in Verbindung zu bringen.

Man kann sich des Eindrucks nicht erwehren, dass der Richter Müller nicht frei von politischen Erwägungen urteilt. Jeder Mensch hat seine Prägungen. Zu den Müllerschen Prägungen zählt zweifellos die CDU-Politik. Und offenbar gehört dazu auch die

---

```
Hier: Ablehnung eines Richters wegen Besorgnis der Befangenheit.
https://www.uni-speyer.de/filead-
min/Ehemalige/Hans_Herbert_von_Ar-
nim/2015_9_17_Befangenheit.pdf
```

parteiinterne Opposition des mutmaßlichen Andenpaktlers gegen die langjährige Bundeskanzlerin, die dabei war, der CDU das Konservativ-Reaktionäre auszutreiben.

Aber das ist bloß eine Meinung eines wissenschaftlich interessierten Privat-Publizisten, der sich auf die Wissenschafts-, Kunst- und die Meinungsfreiheit des Art. 5 GG berufen darf. Welch ein Glück.

Wenn es mit der Wissenschafts- und Meinungsfreiheit noch nicht ausreicht, sei hier die Kunstfreiheit angeführt:

»Uns kommt nur noch die Komödie bei«.

Dies ist die Rezension einer Farce: Der Farce der Besseringen-Rede eines alten, weißen Mannes, der offensichtlich Probleme hatte, die richtige Rolle zu finden und zu spielen.

Dies ist beileibe keine Privatangelegenheit.

Hier geht es um einen Kernbereich der Demokratie.

Ich habe ihn nach bestem Wissen und Gewissen vermessen und beschrieben.

Zusammenfassung

- Peter Müller hielt eine provokante Rede auf einer CDU-Bühne im saarländischen Dorf Besseringen, in der er sich zwar als Privatperson und CDU-ler outete, aber als Bundesverfassungsrichter und ehemaliger Ministerpräsident kann er öffentlich nicht auftreten, ohne als Robenträger in Karlsruhe wahrgenommen zu werden.
- Die Rede hat für Kontroversen und kritische Kommentare gesorgt. Sie wird vermutlich von seinen Kollegen am Gericht nicht begrüßt und goutiert werden.
- Obwohl Müller als Bürger das Recht hat, seine Meinung zu

äußern, hat die Rede den Eindruck erweckt, dass er parteiisch ist, und es könnten Fragen zu seiner Unparteilichkeit und Fairness als Richter aufgeworfen werden.

- Die Rede wirft auch Bedenken bezüglich seiner Rolle in vergangenen Urteilen auf.
- Es ist nicht ausgeschlossen, dass seine Rede die Glaubwürdigkeit seiner Position als Richter untergräbt und Zweifel an seiner Fähigkeit aufkommen lässt, unvoreingenommene Entscheidungen in der Zukunft zu treffen.
- Der amtierende Bundesverfassungsrichter Müller triggerte als »Privatperson« populistische Sujets:

- Corona-Leugnung,
- EU-Rechtsvergessenheit
- Ausländerkriminalitiät
- Ausländerfeind
- Klima-Apokalypse
- Alter weißer Mann
- Meinungs-Diktatur hedonistischer Eliten.

- Wer die Rede Peter Müllers vor der CDU Merzig-Besseringen liest, stellt fest: Er setzte die Pointen auf der Provinzbühne mit voller Absicht, so wie er schon als Ministerpräsident »Politik als Theater« verkauft hatte.

- Die Forderung des Gerichts, »dass kein Zweifel an der Neutralität ihrer Amtsführung gegenüber gesellschaftlichen, politischen, religiösen oder weltanschaulichen Gruppierungen entsteht«, ist selbst bei wohlwollender Betrachtung nicht einzuhalten und mit der Vorrede ad absurdum geführt. Von »angemessener Zurückhaltung« kann keine Rede sein. Er stellt sie ja von Anfang an selbst (?) in Frage.

- Müllers Rede ist mit den Selbstverpflichtungsregeln des Bundesverfassungsgerichts schwerlich in Einklang zu bringen.

- Dass Müller die Pariser Klima-Ziele einfach kassiert, dass er mit seinen höchst fragwürdigen Griechenland-Einlassungen Karlsruher Urteile in Frage stellt, an denen er mitgewirkt hat, dass er die Schwarze-Null wie eine Monstranz vor sich herträgt, obwohl gerade diese

Politik der Investitionsverweigerung fatale Folgen hatte, fordert Kritik geradezu heraus.

- Eben dies muss man Peter Müller zum Vorwurf machen: Da hat einer die Provinzbühne genutzt, um als Bundesverfassungsrichter Europa- und Weltpolitik zu machen. Das ist schon erstaunlich genug, wenn es nur um ein bisschen Polemik eines Richters geht, dem qua Amt hohes Vertrauen entgegengebracht wird. Verheerend aber ist die Aussage: »Es kann nicht sein, dass eine hedonistische Elite uns vorgibt, worüber wir noch reden dürfen und worüber nicht.«

- Peter Müller gebraucht das rechtsgerichtete Narrativ des Redeverbots, der indirekten Zensur, des

»nicht-mehr-über-etwas-reden-Dürfens«, das mit der Realität der deutschen Demokratie so wenig zu tun hat wie mit der Praxis der Gerichtsbarkeit und der öffentlichen Rede, das aber vor allem von der AfD, von den Sarrazins und Maaßens dieser Republik benutzt wird, um Meinung zu manipulieren.

- Das ist saarazynische Gesinnungspolemik. Der alte Skatspieler spielt eine rechte Stammtisch-Parolen-Karte, wenn er der Europäischen Union »Rechtsvergessenheit« vorwirft.
- Man kann sich des Eindrucks nicht erwehren, dass der Richter Müller nicht frei von politischen Erwägungen urteilt.

- Jeder Mensch hat seine Prägungen. Zu den Müllerschen Prägungen zählt zweifellos die CDU-Politik. Und offenbar gehört dazu auch die parteiinterne Opposition des mutmaßlichen Andenpaktlers gegen die langjährige Bundeskanzlerin, die dabei war, der CDU das Konservativ-Reaktionäre auszutreiben.
- Müller hat Flurschaden verursacht. Wie damit umzugehen ist, müssen er und seine Kollegen entscheiden.
- Der Glaubwürdigkeit des Bundesverfassungsgerichts dienen solche parteiischen Reden eines Robenträgers nicht.
- Es bleibt Müllers Geheimnis, warum er mit seinen Eppelborner Bekenntnissen nicht gewartet, bis er aus dem Richteramt ausgeschieden

ist. Es wäre klüger gewesen. Und besser für die Demokratie.

Der Autor

Armin König ist Bürgermeister der Gemeinde Illingen. Er ist promovierter Verwaltungswissenschaftler (DUV Speyer), hat darüber hinaus Germanistik, Geschichte und Sport studiert und war Journalist bei der Saarbrücker Zeitung und Nachrichtenredakteur und Landtagskorrespondent beim Saarländischen Rundfunk und drei Jahre wissenschaftlicher Mitarbeiter im Saarländischen Landtag.

Er hat zahlreiche Bücher geschrieben.

Kontakt:

Arminkoenig1@gmail.com

Printed in Poland
by Amazon Fulfillment
Poland Sp. z o.o., Wrocław